COPYRIGHT °BABY SPRINKLE™ CO.
ALL RIGHTS RESERVED

_____

_____
_____

ADVICE FOR PARENTS

_____
_____
_____

WISHES FOR BABY

_____
_____
_____

_____

_____

ADVICE FOR PARENTS

_____

_____

_____

WISHES FOR BABY

_____

_____

_____

_____

_____

ADVICE FOR PARENTS

_____

_____

_____

WISHES FOR BABY

_____

_____

_____

_____

_____

ADVICE FOR PARENTS

_____

_____

_____

WISHES FOR BABY

_____

_____

_____

_____

_____

ADVICE FOR PARENTS

_____

_____

_____

WISHES FOR BABY

_____

_____

_____

_____

_____

ADVICE FOR PARENTS

_____

_____

_____

WISHES FOR BABY

_____

_____

_____

_____

_____

ADVICE FOR PARENTS

_____

_____

_____

WISHES FOR BABY

_____

_____

_____

_____

_____

ADVICE FOR PARENTS

_____

_____

_____

WISHES FOR BABY

_____

_____

_____

_____

_____

ADVICE FOR PARENTS

_____

_____

_____

WISHES FOR BABY

_____

_____

_____

_____

_____

ADVICE FOR PARENTS

_____

_____

_____

WISHES FOR BABY

_____

_____

_____

_____

_____

ADVICE FOR PARENTS

_____

_____

_____

WISHES FOR BABY

_____

_____

_____

_____

_____

ADVICE FOR PARENTS

_____

_____

_____

WISHES FOR BABY

_____

_____

_____

_____

_____

ADVICE FOR PARENTS

_____

_____

_____

WISHES FOR BABY

_____

_____

_____

_____

_____

ADVICE FOR PARENTS

_____

_____

_____

WISHES FOR BABY

_____

_____

_____

_____

_____

ADVICE FOR PARENTS

_____

_____

_____

WISHES FOR BABY

_____

_____

_____

Guest

_____

_____

ADVICE FOR PARENTS

_____

_____

_____

WISHES FOR BABY

_____

_____

_____

_____

_____

ADVICE FOR PARENTS

_____

_____

_____

WISHES FOR BABY

_____

_____

_____

_____

_____

ADVICE FOR PARENTS

_____

_____

_____

WISHES FOR BABY

_____

_____

_____

_____

_____

ADVICE FOR PARENTS

_____

_____

_____

WISHES FOR BABY

_____

_____

_____

_____

_____

ADVICE FOR PARENTS

_____

_____

_____

WISHES FOR BABY

_____

_____

_____

_____

_____

ADVICE FOR PARENTS

_____

_____

_____

WISHES FOR BABY

_____

_____

_____

_____

_____

ADVICE FOR PARENTS

_____

_____

_____

WISHES FOR BABY

_____

_____

_____

_____

_____

ADVICE FOR PARENTS

_____

_____

_____

WISHES FOR BABY

_____

_____

_____

ADVICE FOR PARENTS

WISHES FOR BABY

_____

_____

ADVICE FOR PARENTS

_____

_____

_____

WISHES FOR BABY

_____

_____

_____

_____

_____

ADVICE FOR PARENTS

_____

_____

_____

WISHES FOR BABY

_____

_____

_____

_____

_____

ADVICE FOR PARENTS

_____

_____

_____

WISHES FOR BABY

_____

_____

_____

_____

_____

ADVICE FOR PARENTS

_____

_____

_____

WISHES FOR BABY

_____

_____

_____

_____

_____

ADVICE FOR PARENTS

_____

_____

_____

WISHES FOR BABY

_____

_____

_____

_____

_____
_____

ADVICE FOR PARENTS

_____
_____
_____

WISHES FOR BABY

_____
_____
_____

_____

_____

ADVICE FOR PARENTS

_____

_____

_____

WISHES FOR BABY

_____

_____

_____

_____

_____

ADVICE FOR PARENTS

_____

_____

_____

WISHES FOR BABY

_____

_____

_____

_____

_____

ADVICE FOR PARENTS

_____

_____

_____

WISHES FOR BABY

_____

_____

_____

_____

_____

ADVICE FOR PARENTS

_____

_____

_____

WISHES FOR BABY

_____

_____

_____

_____

_____

ADVICE FOR PARENTS

_____

_____

_____

WISHES FOR BABY

_____

_____

_____

_____

_____

ADVICE FOR PARENTS

_____

_____

_____

WISHES FOR BABY

_____

_____

_____

_____

_____

ADVICE FOR PARENTS

_____

_____

_____

WISHES FOR BABY

_____

_____

_____

_____

_____

ADVICE FOR PARENTS

_____

_____

_____

WISHES FOR BABY

_____

_____

_____

_____

_____

ADVICE FOR PARENTS

_____

_____

_____

WISHES FOR BABY

_____

_____

_____

_____

_____

ADVICE FOR PARENTS

_____

_____

_____

WISHES FOR BABY

_____

_____

_____

_____

_____

ADVICE FOR PARENTS

_____

_____

_____

WISHES FOR BABY

_____

_____

_____

_____

_____

ADVICE FOR PARENTS

_____

_____

_____

WISHES FOR BABY

_____

_____

_____

_____

_____

ADVICE FOR PARENTS

_____

_____

_____

WISHES FOR BABY

_____

_____

_____

_____

_____

ADVICE FOR PARENTS

_____

_____

_____

WISHES FOR BABY

_____

_____

_____

_____

_____

ADVICE FOR PARENTS

_____

_____

_____

WISHES FOR BABY

_____

_____

_____

_____

_____

ADVICE FOR PARENTS

_____

_____

_____

WISHES FOR BABY

_____

_____

_____

_____

_____

ADVICE FOR PARENTS

_____

_____

_____

WISHES FOR BABY

_____

_____

_____

_____

_____

ADVICE FOR PARENTS

_____

_____

_____

WISHES FOR BABY

_____

_____

_____

_____

_____

ADVICE FOR PARENTS

_____

_____

_____

WISHES FOR BABY

_____

_____

_____

_____

_____

ADVICE FOR PARENTS

_____

_____

_____

WISHES FOR BABY

_____

_____

_____

_____

_____

ADVICE FOR PARENTS

_____

_____

_____

WISHES FOR BABY

_____

_____

_____

_____

_____

ADVICE FOR PARENTS

_____

_____

_____

WISHES FOR BABY

_____

_____

_____

_____

_____

ADVICE FOR PARENTS

_____

_____

_____

WISHES FOR BABY

_____

_____

_____

_____

_____

ADVICE FOR PARENTS

_____

_____

_____

WISHES FOR BABY

_____

_____

_____

_____

_____

ADVICE FOR PARENTS

_____

_____

_____

WISHES FOR BABY

_____

_____

_____

_____

_____

ADVICE FOR PARENTS

_____

_____

_____

WISHES FOR BABY

_____

_____

_____

_____

_____

ADVICE FOR PARENTS

_____

_____

_____

WISHES FOR BABY

_____

_____

_____

_____

_____

ADVICE FOR PARENTS

_____

_____

_____

WISHES FOR BABY

_____

_____

_____

_____

_____

ADVICE FOR PARENTS

_____

_____

_____

WISHES FOR BABY

_____

_____

_____

_____

_____

ADVICE FOR PARENTS

_____

_____

_____

WISHES FOR BABY

_____

_____

_____

_____

_____

ADVICE FOR PARENTS

_____

_____

_____

WISHES FOR BABY

_____

_____

_____

_____

_____

ADVICE FOR PARENTS

_____

_____

_____

WISHES FOR BABY

_____

_____

_____

_____

_____

ADVICE FOR PARENTS

_____

_____

_____

WISHES FOR BABY

_____

_____

_____

_____

_____

ADVICE FOR PARENTS

_____

_____

_____

WISHES FOR BABY

_____

_____

_____

_____

_____

ADVICE FOR PARENTS

_____

_____

_____

WISHES FOR BABY

_____

_____

_____

_____

_____

ADVICE FOR PARENTS

_____

_____

_____

WISHES FOR BABY

_____

_____

_____

_____

_____

ADVICE FOR PARENTS

_____

_____

_____

WISHES FOR BABY

_____

_____

_____

_____

_____

ADVICE FOR PARENTS

_____

_____

_____

WISHES FOR BABY

_____

_____

_____

_____

_____

ADVICE FOR PARENTS

_____

_____

_____

WISHES FOR BABY

_____

_____

_____

_____

_____

ADVICE FOR PARENTS

_____

_____

_____

WISHES FOR BABY

_____

_____

_____

_____

_____

ADVICE FOR PARENTS

_____

_____

_____

WISHES FOR BABY

_____

_____

_____

_____

_____

ADVICE FOR PARENTS

_____

_____

_____

WISHES FOR BABY

_____

_____

_____

_____

_____

ADVICE FOR PARENTS

_____

_____

_____

WISHES FOR BABY

_____

_____

_____

_____

_____

ADVICE FOR PARENTS

_____

_____

_____

WISHES FOR BABY

_____

_____

_____

_____

_____

ADVICE FOR PARENTS

_____

_____

_____

WISHES FOR BABY

_____

_____

_____

_____

_____

ADVICE FOR PARENTS

_____

_____

_____

WISHES FOR BABY

_____

_____

_____

_____

_____

ADVICE FOR PARENTS

_____

_____

_____

WISHES FOR BABY

_____

_____

_____

_____

_____

ADVICE FOR PARENTS

_____

_____

_____

WISHES FOR BABY

_____

_____

_____

_____

_____

ADVICE FOR PARENTS

_____

_____

_____

WISHES FOR BABY

_____

_____

_____

_____

_____

ADVICE FOR PARENTS

_____

_____

_____

WISHES FOR BABY

_____

_____

_____

_____

_____

ADVICE FOR PARENTS

_____

_____

_____

WISHES FOR BABY

_____

_____

_____

_____

_____

ADVICE FOR PARENTS

_____

_____

_____

WISHES FOR BABY

_____

_____

_____

_____

_____

ADVICE FOR PARENTS

_____

_____

_____

WISHES FOR BABY

_____

_____

_____

ADVICE FOR PARENTS

WISHES FOR BABY

_____

_____

ADVICE FOR PARENTS

_____

_____

_____

WISHES FOR BABY

_____

_____

_____

_____

_____

ADVICE FOR PARENTS

_____

_____

_____

WISHES FOR BABY

_____

_____

_____

GIFT RECEIVED GIVEN BY

GIFT RECEIVED   GIVEN BY

_____   _____

_____   _____

_____   _____

_____   _____

_____   _____

_____   _____

_____   _____

_____   _____

_____   _____

_____   _____

GIFT RECEIVED					GIVEN BY

_____			_____

_____			_____

_____			_____

_____			_____

_____			_____

_____			_____

_____			_____

_____			_____

_____			_____

_____			_____

_____			_____

GIFT RECEIVED	GIVEN BY
_____	_____
_____	_____
_____	_____
_____	_____
_____	_____
_____	_____
_____	_____
_____	_____
_____	_____
_____	_____

GIFT RECEIVED	GIVEN BY

GIFT RECEIVED	GIVEN BY

GIFT RECEIVED	GIVEN BY
_____	_____
_____	_____
_____	_____
_____	_____
_____	_____
_____	_____
_____	_____
_____	_____
_____	_____
_____	_____
_____	_____

GIFT RECEIVED	GIVEN BY
_____	_____
_____	_____
_____	_____
_____	_____
_____	_____
_____	_____
_____	_____
_____	_____
_____	_____
_____	_____
_____	_____

GIFT RECEIVED	GIVEN BY

GIFT RECEIVED	GIVEN BY

Made in the USA
Coppell, TX
02 March 2020